Violoncello

REPERTOIRE ALBUM

RÉGI FRANCIA DAL

ALTFRANZÖSISCHES LIED   EARLY FREN

P. TCHAIKOVSKY
(1840–1893)

1   Molto moderato

p

ANDANTE

Átírta
Bearbeitet von – arranged by
MAROS Rudolf

J. G. WITTHAUER
(1751–1802)

2

mp

f   mp

Z. 5958

KERINGŐ

WALZER   WALTZ

Átírta

Bearbeitet von – arranged by

MAROS Rudolf

C. M. von WEBER
(1786–1826)

Con anima

Fine

Trio

D.C. al Fine senza ripetizione

ALLEGRETTO GRAZIOSO

N. BAKLANOVA

Fine

a tempo

Dal ⊕ al Fine

LARGO AFFETTUOSO

A. CORELLI
(1653–1713)

DAL ÉS TÁNC

LIED UND TANZ   SONG AND DANCE

I

SUGÁR Rezső
(1919–1988)

KIS SZVIT

KLEINE SUITE   SMALL SUITE

I. BUSULÓ

TRAURIGES LIED   MELANCHOLY

SZOKOLAY Sándor
(*1931)

II. DUDANÓTA

DUDELSACKLIED   BAGPIPE TUNE

III. UGRÓTÁNC

SPRINGTANZ   LEAPING DANCE

D. S. 𝄋 al Fine

ÉJJEL A FOLYÓN

NACHTS AUF DEM FLUSS   AT NIGHT AT THE RIVER

D. KABALEVSKY
(1904–1987)

Z. 5958

NÉMET TÁNC

DEUTSCHER TANZ   GERMAN DANCE

W. A. MOZART
(1756–1791)

GAVOTTE

G. Ph. TELEMANN
(1681–1767)

SARABANDE

G. TARTINI
(1692–1770)

KÉT TÁNC

ZWEI TÄNZE   TWO DANCES

J. A. HASSE
(1699–1783)

Bourrée

12

Menuet

Bourrée da Capo

TÉMA VARIÁCIÓKKAL
(RÉSZLET)

THEMA MIT VARIATIONEN   THEME WITH VARIATIONS

(FRAGMENT)

Theme
Allegro

SUGÁR Rezső
(1919–1988)

13

REPERTOIRE ALBUM

GORDONKÁRA ÉS ZONGORÁRA
FÜR VIOLONCELLO UND KLAVIER
FOR VIOLONCELLO AND PIANO

Közreadja – Herausgegeben von – Edited by

FRISS Antal

EDITIO MUSICA BUDAPEST

Editio Musica Budapest Zeneműkiadó Kft.
1132 Budapest, Visegrádi utca 13. • Tel.: +36 1 236-1104
E-mail: emb@emb.hu • Internet: www.emb.hu

TARTALOM
INHALT – CONTENTS

RÉGI FRANCIA DAL

ALTFRANZÖSISCHES LIED EARLY FRENCH SONG

P. TCHAIKOVSKY
(1840–1893)

Z. 5958

ANDANTE

Átírta

Bearbeitet von – arranged by

MAROS Rudolf

J. G. WITTHAUER

(1751–1802)

KERINGŐ
WALZER   WALTZ

Átírta

Bearbeitet von – arranged by

MAROS Rudolf

C. M. von WEBER
(1786–1826)

Con anima

Fine

Fine

Trio

D.C. al Fine senza ripetizione

ALLEGRETTO GRAZIOSO

N. BAKLANOVA

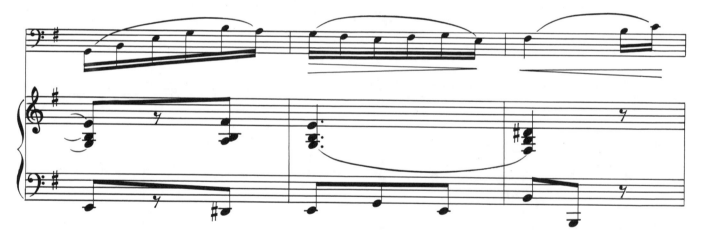

Dal 𝄋 al Fine

LARGO AFFETTUOSO

A. CORELLI
(1653–1713)

Molto sostenuto

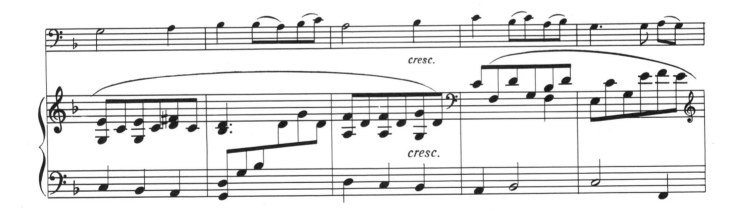

poco rit. a tempo

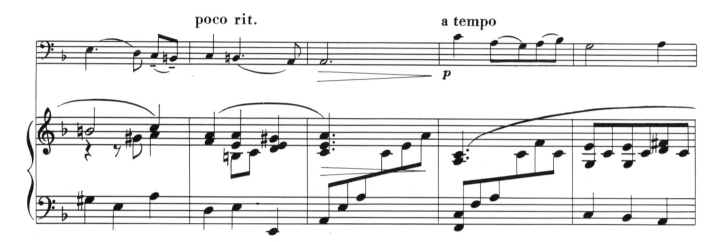

allarg.

DAL ÉS TÁNC

LIED UND TANZ   SONG AND DANCE

I

SUGÁR Rezső
(1919–1988)

II

Allegretto

KIS SZVIT

KLEINE SUITE   SMALL SUITE

I. BUSULÓ

TRAURIGES LIED   MELANCHOLY

SZOKOLAY Sándor
(*1931)

II. DUDANÓTA

DUDELSACKLIED   BAGPIPE TUNE

Allegretto

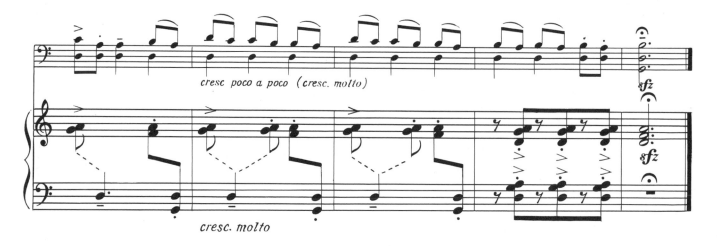

III. UGRÓTÁNC

SPRINGTANZ   LEAPING DANCE

Trio

D. S. ⊕ al Fine

ÉJJEL A FOLYÓN

NACHTS AUF DEM FLUSS   AT NIGHT AT THE RIVER*

D. KABALEVSKY
(1904–1987)

* With the permission of the author

NÉMET TÁNC

DEUTSCHER TANZ   GERMAN DANCE

W. A. MOZART
(1756–1791)

Tempo moderato

TRIO

GAVOTTE

G. Ph. TELEMANN
(1681–1767)

10

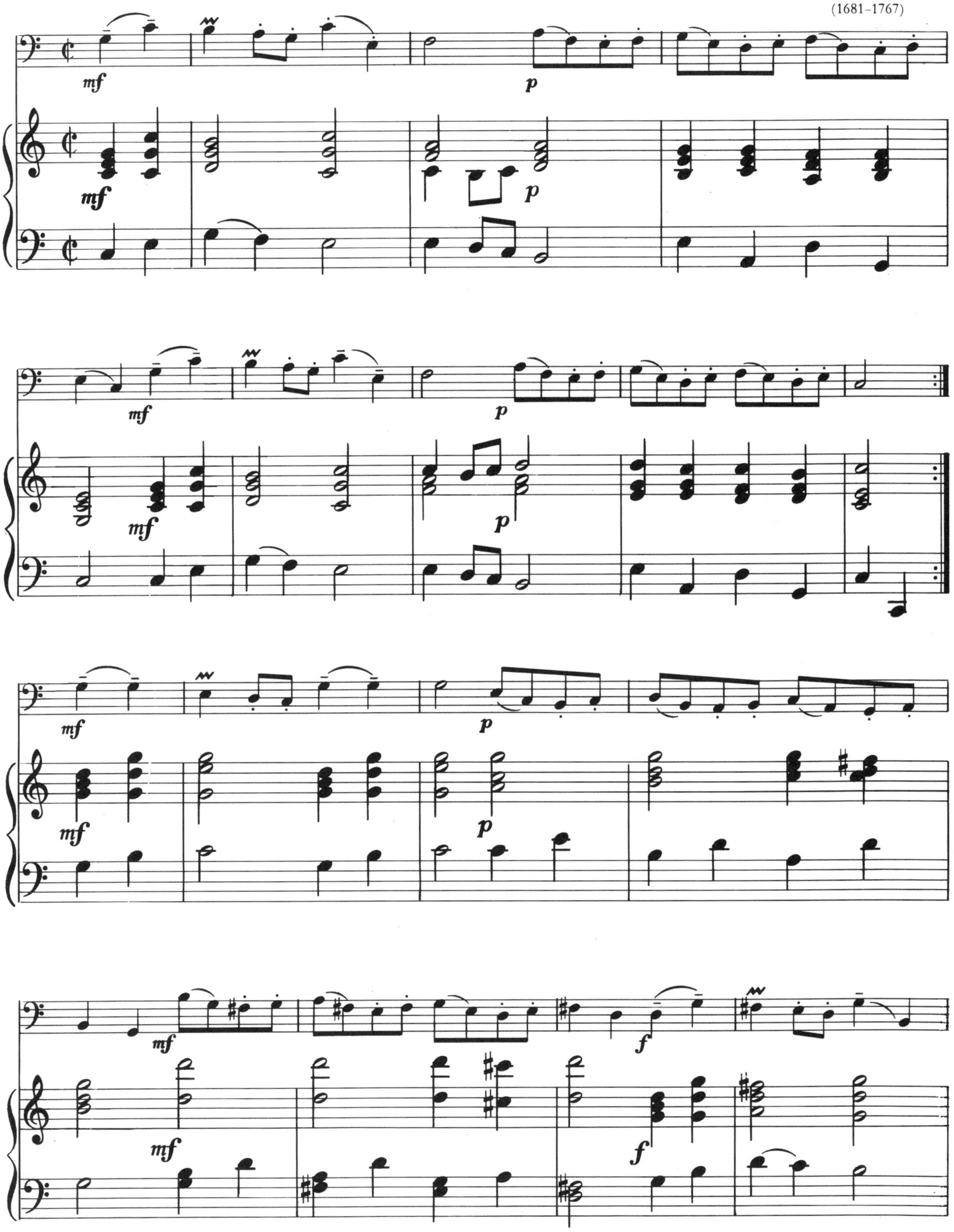

SARABANDE

G. TARTINI
(1692–1770)

KÉT TÁNC

ZWEI TÄNZE   TWO DANCES

J. A. HASSE
(1699–1783)

Bourrée

Menuet

Bourrée da Capo

TÉMA VARIÁCIÓKKAL
(RÉSZLET)

THEMA MIT VARIATIONEN THEME WITH VARIATIONS

(FRAGMENT)

SUGÁR Rezső
(1919–1988)

I. Var.

IV. Var.

Allegro molto

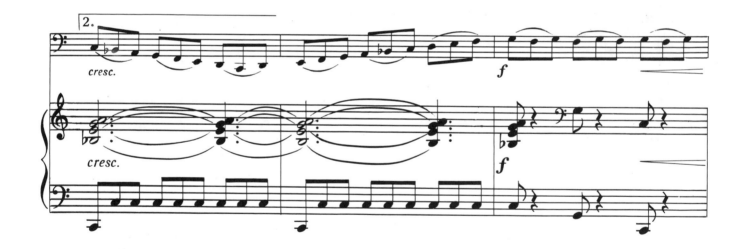